La ópera
de los caricatos

Coedición de Hiru & Pepitas

Pepitas de calabaza s. l.
Apartado de correos n.º 40
26080 Logroño (La Rioja, Spain)
pepitas@pepitas.net
www.pepitas.net

Imagen de portada: Ramón Acín

ISBN: 978-84-96584-66-2
Dep. legal: LR-105-2024

Primera edición, febrero de 2024

Raúl Cortés

La ópera
de los caricatos

*Descenso a los infiernos
en cinco suplicios*

*[Inspirado en
Los últimos días de la humanidad,
de Karl Kraus]*

La ópera de los caricatos amaneció durante el laboratorio de investigación escénica sobre Karl Kraus, que convocó el Teatro de La Abadía en 2018. La maestría de Rosario Ruiz, Inma Nieto y Andrea Delicado, así como el talento de Sara Velasco, Pablo Rodríguez, Juan Paños, Claudia Coelho, Daniel Gallardo, Marcos Toro, Esperanza García, José Juan Sevilla, Rachel Mastín, Víctor Antona, Xana del Mar López, Nicolás Sanz, Enrique Meléndez, Luis Miguel Molina y Raquel Alarcón sobrevuelan estas páginas.

A los bufones,
seguid danzando bajo la tormenta...

«Oh, caballeros, la vida es corta...
Si vivimos, vivimos para marchar sobre la
cabeza de los reyes».

SHAKESPEARE
Enrique IV

«Uno se equivoca cada vez que quiere explicar algo oponiendo la mafia al Estado: jamás son rivales».

GUY DEBORD
*Comentarios sobre
la sociedad del espectáculo*

SUPLICIO I

En el impecable café La Patria desayunan, almuerzan y cenan las pecheras más engalonadas del país. Impolutos, trasiegan los uniformes pidiendo brandy, coñac y guerra.

COMANDANTE: Majestad, ha llegado la prensa.

JEFE DEL ESTADO: ¿La prensa?

COMANDANTE: Sí, esa periodista que, en la guerra anterior, le hizo tan buen... trabajo.

JEFE DEL ESTADO: Sí, sí, me acuerdo, aquello fue glorioso.

COMANDANTE: Alega que su Majestad la ha mandado llamar.

JEFE DEL ESTADO: Bueno, llamar, llamar... Le he hecho llegar una sugerencia, eso sí... Hay que renococer que la mujer hace su trabajo muy bien.

COMANDANTE: Pregunta también si podría hacer ahora una foto de los señores Generales, todos juntos.

JEFE DEL ESTADO: ¡Pues preferiría que no! Mejor que ellos llamen mandar a sus propios fotógrafos.

COMANDANTE: Dice que, como no tienen cabeza, solo les retratará de medio cuerpo.

JEFE DEL ESTADO: Pues eso ya es otro cantar. A ver, haz pasar a esa periodista. ¡Camarero, ginebra!

Imagina el hombre los salones de la historia y ensaya gestos inmortales.

COMANDANTE: Majestad...

JEFE DEL ESTADO: ¿Pero qué ocurre ago... agora? ¿Es que uno no puede estar ni un minuto...? Ago... agora mismo estoy...

UNA PERIODISTA: Solo es un momento, Excelencia, si me permite.

JEFE DEL ESTADO: Ago... agora mismo estoy trabajando para la historia universal.

UNA PERIODISTA: Y yo para el periódico más importante del país.

JEFE DEL ESTADO: Entiendo, entiendo... Pero al final lo ponen a uno entre los Generales, y ya me cuento el conozco. Yo preferiría...

UNA PERIODISTA: No, Excelencia, puede usted estar completamente tranquilo. Su Excelencia es único y por eso aparecerá totalmente solo.

JEFE DEL ESTADO: Bueno, con discreción, siempre con discreción.

UNA PERIODISTA: El espacio ya está expresamente reservado. Será la portada de mañana, concretamente.

JEFE DEL ESTADO: Pues no está nada mal, nada mal... Pero, mi estimada amiga, es que ago... agora mismo estoy... No podrías venir un poquitín más tarde, es que estoy... No quisiera ser descortés con la prensa, pero ago... agora mismo estoy estudiando el mapa del enemigo... Un momento, este no es... Este tampoco... Comandante, ¿dónde está el mapa del enemigo?

COMANDANTE: ¿El enemigo?

JEFE DEL ESTADO: Sí, el enemigo. ¿Quién es el enemigo, Comandante?

UNA PERIODISTA: ¡Ese! ¡Ese es el gesto de gravedad, de concentración máxima! Ya veo el titular: «El Jefe del Estado estudia el mapa de... de...». Bueno, da igual quién sea el enemigo: «El Jefe del Estado estudia el mapa». ¿Puedo titularlo así, Excelencia?

JEFE DEL ESTADO: Pues, por mí, sí. Aunque he de renococer que me da cierto pudor. ¿Tardarás mucho?

UNA PERIODISTA: Solo un momento histórico, si me permite...

JEFE DEL ESTADO: ¿Entonces, continúo estudiando el mapa de... de... ¿Quién era el enemigo?

COMANDANTE: ¿El enemigo...?

UNA PERIODISTA: Siga usted estudiando los mapas... así... con naturalidad... sin afectación... así... No, eso sería demasiado artificial... A ver, el señor Comandante, si me permite, un poquitín más adelante.

JEFE DEL ESTADO: ¿Cómo? ¿Adelante?

UNA PERIODISTA: Pero siempre detrás de usted, Excelencia.

JEFE DEL ESTADO: ¿No la has oído? Detrás, Comandante. ¡Ha dicho que más detrás!

UNA PERIODISTA: Excelencia, la cabeza... Muy bien... No, Excelencia, más desenvoltura... Y audacia, ¡más audacia, por favor!

Los goznes de la puerta entonan nuevos himnos de guerra. Se imponen las botas sobre el apresurado fin de la pasarela.

CORONEL: ¡El ultimátum ha sido estupendo!

GENERAL: ¡Por fin! ¡Por fin!

CORONEL: Menos mal que se le ocurrió eso de que nosotros teníamos pruebas de que el enemigo escondía cosas... Ahora la culpa la tienen ellos, los enemigos.

GENERAL: ¡Por fin! ¡Por fin! ¡Esto ya no había quien lo aguantara! ¡Camarero, trae algo para celebrar!

CORONEL: ¿Y cuándo cree que habrá paz?

GENERAL: En una o dos semanas, calculo.

CORONEL: Estoy hablando en serio, General.

GENERAL: ¡Por supuesto! Acabaremos en un coser y cantar. ¡En un coser y cantar, mi querido amigo! Ya verá cómo lucha nuestra gente, ¿verdad, Excelencia?

JEFE DEL ESTADO: Casar y conter, General.

COMANDANTE: Coser y cantar.

GENERAL: ¡Camarero, esas copas!

CORONEL: Lo siento, pero yo creo que menos de dos o tres meses...

GENERAL: ¿Qué dice? ¡Tres meses! Eso sería horrorosamente aburrido.

CORONEL: Si yo no digo que no, pero el enemigo...

GENERAL: ¿El enemigo? ¿Qué enemigo ni enemigo! El enemigo, ¿qué? ¡Lo borraremos del mapa!

CORONEL: No es que yo no sea tan optimista, General, pero...

JEFE DEL ESTADO: Coronel, ¿cuál es el problema? Llevo todo el día estudiando el mapa de... del enemigo y ago... agora la estrategia está muy clara: nosotros llegaremos por arriba; nuestros aliados, por abajo, y los estrujaremos en el medio. Nada puede salir mal. Mañana atacaré mandar y se acabó. ¡Al ataque!

COMANDANTE: ¡Al ataque, al ataque!

GENERAL: Totalmente de acuerdo. Además, ¿para qué sirve la gente si no es para tener una muerte heroica? La guerra es la guerra y punto.

Jefe del Estado: Mañana atacaré mandar a nuestro enemigo y pasado mañana, a los amigos de nuestro enemigo.

Comandante: ¡A los amigos de nuestro enemigo!

General: ¿Pero qué ven mis ojos?

Jefe del Estado: Benvienido sea usted, Padre.

Comandante: Bienvenido.

General: Ahora sí que ya estamos todos.

Capellán: ¡Que Dios nos guíe, mis valientes! ¿Qué? ¿Todo listo?

General: Esto va viento en popa, Padre.

Capellán: Con la ayuda de Dios, hijo mío, con la ayuda de Dios. Por cierto, ¿podría probar un cañón o disparar un poquitín? Tan solo es para que Dios bendiga nuestras armas.

General: ¡Bravo! ¡Camarero, vino para nuestro Capellán!

Jefe del Estado: Todos nos alegramos de tener a un valeroso tan Capellán.

Comandante: Todos nos alegramos.

General: ¡Bravo! ¡Qué cura más noble!

Capellán: Venga, dejadme disparar un poquitín.

General: Sí, Padre, pero en la calle. No es que desconfíe de su pulso, Padre, pero adoro la lámpara de este Café.

Jefe del Estado: Padre...

Rosario o fusil... ¿Qué más da? ¿Acaso tiene
conciencia la mano?

CAPELLÁN: Quiero, con este disparo, bendecir nuestras
armas y el fruto de su vientre, Jesús. ¡Gloria! ¡Primero, gloria en la tierra y, luego, gloria en el cielo
también! ¡Aleluya! ¡Que Dios bendiga nuestra guerra!

Y el tiro al aire, como si fueran fuegos artificiales,
embriaga los humores del pueblo que, entusiasta,
canta.

PUEBLO: ¡Por fin, ya la guerra ha llegado!
Saludad a nuestros soldados
que, felices, se van al frente,
para defender a su gente.

¡Por fin, ya la guerra ha llegado!
Y trae dinero al contado.
¡Sí, vecinos, aprovechad
esta gran oportunidad!

¡Por fin la guerra ha llegado!
¡Qué guapos van nuestros soldados!

UNO ENTRE MUCHOS: ¡Viva nuestro ejército!
PUEBLO: ¡Viva!

UNO ENTRE MUCHOS: ¡Muera el enemigo!

PUEBLO: ¡Muera!

UN BORRACHO PERDIDO: ¡Muera! ¡Muera nuestro ejército!

UN PATRIOTA: Oye, tú, ¿qué estás diciendo?

UN BORRACHO PERDIDO: ¡Muera el enemigo! ¡Muera! ¡Y vivan los muertos!... ¿No?

PUEBLO: ¡Es un espía disfrazado de borracho! ¡Traidor! ¡Traidor!

A punto de lincharlo, la invisible batuta llama a la orquesta en la esquina opuesta.

UNA PERIODISTA: ¡Edición especial! ¡Nuestros soldados luchan cuerpo a cuerpo!

UNA VENDEDORA AMBULANTE CON SU CARRO: Vecinos, las banderas. ¡Desplegad las banderas! ¡Nuestros valientes empuñan las armas y nosotros las banderas! ¿Y por qué? Porque la patria nos necesita.

PUEBLO: ¡Viva la patria! ¡Viva!

UN BORRACHO PERDIDO: ¡Viva, viva... el enemigo!

PUEBLO: ¡Cierra el pico!

UNA VENDEDORA AMBULANTE CON SU CARRO: Nuestro deber es arrimar el hombro y que cada uno aporte su granito de arena. ¡Nosotros somos nosotros!

PUEBLO: ¡Viva nosotros! ¡Viva!

UN BORRACHO PERDIDO: ¡Eso, eso! ¡Y que muera la Corona!

PUEBLO: ¡Cállate! ¡Cierra esa boca!

UNA VENDEDORA AMBULANTE CON SU CARRO: Y si nos han llamado para ir a la guerra es para que nuestros hijos tengan un futuro mejor. Y por eso también os digo...

UN BORRACHO PERDIDO: ¡A la mierda el enemigo!

PUEBLO: ¡Bravo! ¡A la mierda! ¡Viva!

UN BORRACHO PERDIDO: ¡Todos a la mierda! ¡Y un mojón para sus aliados!

PUEBLO: ¡Bravo! ¡Bravo!

UN BORRACHO PERDIDO: ¡Pero un mojón grande! ¡Del tamaño de...! ¡Grande, grande de verdad!

PUEBLO: ¡Eso... grande! ¡Viva! ¡Vivan nuestros borrachos!

UN BORRACHO PERDIDO: ¡Enemigos, un mojón grande para todos vosotros! ¡Un mojón grande, ande o no ande!

PUEBLO: ¡Bravo! ¡Así nos gusta! ¡Tenemos los mejores borrachos de toda la guerra!

UN MAESTRO: ¡Calma, calma! ¡Tranquilos! Tenemos que seguir las recomendaciones de nuestros periódicos. Mirad lo que pone aquí: «Bajo ningún aspecto se tolerarán los excesos patrióticos porque, además, pueden repercutir negativamente en el turismo». Esa es la clave: el turismo. Porque, ¿dónde

queréis que, luego, se desarrolle un buen turismo?
¿Dónde?

Y la batuta, en el atril, anuncia músicas nuevas.

UNA PERIODISTA: ¡Edición especial! ¡Una gran victoria!
¡Edición especial! ¡Una gran victoria!

UN PATRIOTA: ¡La guerra nos librará de la mediocridad!
¡Al fin se pondrá orden!

PUEBLO: ¡Viva el orden! ¡Viva!

UN PATRIOTA: ¡Ya era hora de que ocurriese algo de
verdad! ¡La guerra es la única verdad! ¡La verdad
más pura, y la pronuncian las armas!

PUEBLO: ¡Por fin! ¡Por fin! ¡Mano dura! ¡Plomo, más
plomo!

UN ESCRITOR: ¡Mantendremos a raya la desesperación
y el desánimo porque nadie hace de tripas corazón mejor que nosotros!

UN BORRACHO PERDIDO: Eso, eso... De tripas corazón.

UN PATRIOTA: Ahora más que nunca tenemos que estar a la altura de las circunstancias.

UN MAESTRO: Y nuestros hijos, también. Desde la escuela, sí. Nosotros los maestros tenemos que enseñar a nuestros niños quiénes son nuestros enemigos. ¡La escuela debe ser una trinchera más!

UN PATRIOTA: ¡Así se habla!

UN ESCRITOR: ... Hacer de tripas corazón, nos apasiona. Nosotros soportamos las privaciones mejor que nadie.

UN PATRIOTA: ¡Privaciones? Pero, ¿qué privaciones?

UN BORRACHO PERDIDO: ¡Eso digo yo!

UN ESCRITOR: ... Quiero decir, si las hubiera.

UN PATRIOTA: Pero por suerte no las hay.

PUEBLO: ¡Eso es! ¡No las hay! ¡Por suerte!

EL HOMBRE QUE SIEMPRE LLEGA TARDE: Así es. No las hay. Pero decidme una cosa, si no hemos de soportar privaciones... ¿Por qué tenemos que hacer de tripas corazón?

UN BORRACHO PERDIDO: ¡Eso digo yo!

EL HOMBRE QUE SIEMPRE LLEGA TARDE: Si no hemos de soportar privaciones... ¿Por qué tenemos que hacer de tripas corazón?

Si se llena de silencios la partitura, ¿qué toca la orquesta?

UNA PERIODISTA: ¡Edición especial! ¡Nueva victoria! ¡Nueva victoria! ¡Nueva victoria!

UNO ENTRE MUCHOS: El Gobierno promete que, mientras dure la guerra, no faltará el pan ni la leche en nuestras mesas.

PUEBLO: ¡Viva el Gobierno! ¡Viva el Presidente!

Un borracho perdido: Si es que la única diferencia respecto a antes es que ahora estamos en guerra. Si no fuera por la guerra, uno hasta creería que hay paz.

Una entre muchas: ¡Y no subirán los precios!

Una vendedora ambulante con su carrito: ¿Cómo? ¿Qué dices?

Una entre muchas: ¡Que no subirán los precios durante la guerra!

Una vendedora ambulante con su carrito: Pero, si finalmente suben, tendremos que hacer de tripas corazón, también en esto.

Uno entre muchos: ¡Pero el Ministro del Hambre dice que no, que no subirán los precios!

Un borracho perdido: ¡Vivan los precios!

Una entre muchas: Y para celebrar el nacimiento de esta gran época: ¡nos casamos!

Uno entre muchos: ¡Sí, nos casamos!

Una entre muchas: ¡Cásenos aquí mismo, Padre!

Pueblo: ¡Vivan los novios! ¡Viva!

Capellán: Señor, gracias por la guerra que tenemos ante nosotros. Eres tú quien nos la das y unes, así, nuestras familias, nuestros amigos y nuestra patria.

Un patriota: ¡Viva Jesús, nuestro primer patriota!

Pueblo: ¡Viva! ¡Viva!

Capellán: ¡Hacer la guerra es servir a Dios, y quien diga lo contrario desconoce la palabra del Señor!

Un maestro: Pero hay que servir a Dios sin dejar de servir al turismo. Aunque atruenen tambores de guerra en nuestro país, no podemos descuidar el turismo y, ahora, menos que nunca. ¡Así que cantemos!

Un borracho perdido: ¡Ya era hora!

Un maestro: ¡Cantemos juntos!

Un borracho perdido: Ya decía yo que cuándo íbamos a cantar, otra vez.

Un maestro: Cantemos también por la victoria final del turismo.

Pueblo: Sean ustedes bienvenidos,
señor y señora turista.
Si traen la cartera lista,
sean ustedes bienvenidos.

¿Quién dice que estamos en guerra?
Sobra vino, chorizo y pan,
leche y manteca colorá.
¿Quién dice que estamos en guerra?

¡Qué paraíso de país!
Son tan verdes, sus verdes prados
y tan claros, sus días claros...
¡Qué paraíso de país!

Niño, saca ya la guitarra,
que el turisteo quiere rumba
para olvidar bombas y tumbas.
Niño, saca ya la guitarra.

Sean ustedes bienvenidos,
señor y señora turista.
Si traen la cartera lista,
sean ustedes bienvenidos.

Tocata y fuga de una orquesta, mientras los ecos de su director cuelgan una última nota, amante y celebratoria, de la conciencia.

UNA PERIODISTA: ¡Edición especial! ¡Cuarenta mil enemigos muertos en batalla!

EL HOMBRE QUE SIEMPRE LLEGA TARDE: Cuarenta mil personas muertas entre espasmos y convulsiones en las alambradas. ¡Cuarenta mil personas muertas en las alambradas! La guerra... A los buenos les quita la fe, cuando no la vida; y a los malos, los hace peores... La guerra. ¿Aprenderán los pueblos algo de la guerra, además de aprender a seguir haciendo guerras en el futuro?

Suplicio 2

*Algunas moscas se han cagado en los deslumbrantes
espejos del café La Patria. ¿Había tantas moscas antes
de la guerra?*

JEFE DEL ESTADO: Hola... ¿Hola?... No, es este telénofo,
que parece estar haciéndome la guerra también...
Bueno, ¿entonces qué? ¿Ya has acabado el infor-
me?... ¿Aún no?... ¡Ah, conque la resaca, eh!... Vamos, esbapila o llegarás tarde otra vez a la fiesta y
en la guerra no hay muchas fulanas...

COMANDANTE: Excelencia, ha llegado la prensa.

JEFE DEL ESTADO: Discúlpame, ago... agora tengo trabajo. Luego te llamo. ¡Camarero, más ginebra!

COMANDANTE: ¡Camarero!

UNA PERIODISTA: Majestad...

JEFE DEL ESTADO: Escúchame. Estos son los aspectos
más importantes. Primero: la ciudad, desde el vista de punto estratégico, era insinificante.

UNA PERIODISTA: Excelencia, no creo que podamos...

JEFE DEL ESTADO: ¿Cómo? ¿Que no podemos qué?

UNA PERIODISTA: Discúlpeme, Excelencia, pero habíamos publicado que tomar esa ciudad era fundamental.

JEFE DEL ESTADO: ¡Todo puede hacerse olvidar, amiga! Tú escúchame y apunta: la ciudad carecía de revelancia, haberla tomado habría sido un desastre...

UNA PERIODISTA: Discúlpeme, Excelencia, tenía los cañones más modernos y nosotros, bueno, yo había escrito que...

JEFE DEL ESTADO: ¿Qué parte no has entendido? La ciudad era una mierda, ¿está claro?

UNA PERIODISTA: Completamente, Excelencia.

JEFE DEL ESTADO: Y nada de airear eso de la escasez de víveres. Ni aquí ni allí ni en ningún otro lado. ¿De acuerdo?

UNA PERIODISTA: De acuerdo, Excelencia.

JEFE DEL ESTADO: Las colas para comer, por ejemplo. ¡Apunta, apunta! Las colas son... una fiesta. En el fondo, la gente se pelea por hacer cola. ¿A qué viene esa cara?

UNA PERIODISTA: Excelencia, es que...

JEFE DEL ESTADO: Ya sé lo que has publicado. Ya lo sé, pero no te preocupes. ¡Todo, todo puede hacerse olvidar, amiga!... Bueno, estoy seguro de que podrás apañarte tú sola.

UNA PERIODISTA: Sí, Excelencia.

Jefe del Estado: Y ago... agora, si me permites. Aún tengo hacer por mucho.

Y la corriente se lleva un barquito de papel tabloide.

Jefe del Estado: ¡Camarero, ginebra!

Comandante: ¡Camarero!

Jefe del Estado: Comandante, ¿qué significa esto? ¿Es que hoy no atiende nadie? ¡Camarero, más ginebra!

Comandante: ¡Camarero!

Jefe del Estado: ¡Esto es imadnisible!

Comandante: Excelencia...

Van y vienen las altas mareas y, al cruzarse, se saludan, remolinos.

General: ¿Han leído lo de las bombas sobre el sur?

Capellán: Lo del sur es una pena. Una pena. ¡Pobre catedral!

Coronel: ¿Pobre catedral? Con todos mis respetos, Padre, pero si se ha confirmado que se trata de una base militar...

General: Son unos cobardes. ¡Atrincherarse detrás de una catedral!

Coronel: Qué gentuza, por favor.

CAPELLÁN: Yo solo digo que veo una catedral bombardeada y se me cae el alma a los pies, no lo puedo evitar.

GENERAL: Sentimentalismos, a estas alturas, no, Padre.

CORONEL: ¡Y sobre todo cuando se trata de una argucia! Como dice el General: la guerra es la guerra y punto.

GENERAL: La guerra es la guerra, eso digo yo siempre.

CAPELLÁN: No, si lo sé. Pero la catedral...

CORONEL: ¡Camarero!

COMANDANTE: No sé dónde se han metido los camareros. Desde luego, el servicio ya no es el que era.

CAPELLÁN: ¡Camarero, cago en Dios!

Y el azar, que también es un criado, hace aparecer otro tipo de cofia y delantal...

GENERAL: ¡Vaya, vaya! ¡Pase, hombre, pase!... Caballeros, aquí uno de nuestros más ilustres intelectuales. Les presento a una de esas plumas a las que no hace falta animar, un orgullo para las letras del país... Veo que has hecho otro trabajillo voluntario. No está mal.

UN ESCRITOR: No hay inspiración más luminosa que la del deber, Coronel.

GENERAL: ¡General!

Un escritor: Bajo nuestros pasos cadenciosos trituramos una vida inútil, más cercana a la proteica apariencia que a la realidad.

General: Y dime, ¿cuánto paga la prensa por una oración? Quiero decir, por una crónica.

Un escritor: Unos doscientos, mi Coronel.

General: ¡General, General...!

Un escritor: Pero, en verdad, también lo hubiese hecho gratis. En estas circunstancias, el dinero no es...

General: No lo dudo, no lo dudo. Caballeros, aquí donde lo ven, hasta el mismísimo Rey lo ha recibido en audiencia privada.

Un escritor: Un privilegio inmenso para mí, sí.

General: ¿Cuáles fueron las palabras con las que te saludó su Excelencia? Lo describiste tan bien...

Un escritor: El Rey vino a recibirme, me tendió su regia mano, me miró con esos regios ojazos, y con su regia sonrisa, me dijo: «Nos ha obsequiado usted con una poesía tan hermosa en tiempos de guerra, que uno se pregunta qué podremos esperar de usted en tiempos de paz».

General: Un chiste sobre tías en pelotas, debiste haberle dicho.

Un escritor: A sus órdenes, mi Coronel.

General: ¡¡¡General!!!

Un escritor: ¡Tampoco tuve valor para tanto, General!

General: ¡¡¡¡Coronel!!!!

CORONEL: ¡¿Cómo?!

GENERAL: ¡No, digo... General! ¡General! Bueno, basta, basta. Escucha, imagino que conoces la publicación *Bajo la bandera de nuestros monarcas*.

UN ESCRITOR: Por supuesto, mi...

Y huracanes de tensión sacuden el quién es quién de los puntos suspensivos.

GENERAL: Bien. Estamos a punto de publicar el próximo número y queremos que tú escribas el prólogo. Pero ha de ser algo emocionante, algo que llegue al alma de la gente. ¿Lo entiendes?

UN ESCRITOR: A sus órdenes, mi...

A veces, solo a veces, es mejor un tierratrágame, callar y correr.

UN ESCRITOR: ... Será un honor.

Y puentes de plata, que el arte se escapa.

GENERAL: ¡Camarero!

CAPELLÁN: ¿Qué pasa, hoy no atiende nadie?

CORONEL: ¿Dónde se han metido los camareros?

COMANDANTE: ¡Camarero, lo de siempre!... ¡Maldita sea! ¡Camarero!

Un camarero: ¡Ahora mismo! ¡Aquí está todo, mi Comandante!

Comandante: ¿Ahora mismo? Este servicio ya no es el de antes. Un año hace que lo vengo notando. ¿Dónde están los camareros?

Un camarero: Movilizados, mi Comandante.

Comandante: Movilizados, dice. ¿Y por qué están todos movilizados?

Un camarero: Pues... ¡porque estamos en guerra, mi Comandante!

Comandante: ¡Hace un año que lo vengo notando! No hay camareros desde hace justo un año. Un año ya. Hace un año que lo vengo notando.

Un camarero: Claro, desde que estamos en guerra, mi Comandante.

Comandante: Pues que sepa que los camaradas están todos quejándose: el Jefe del Estado, el General, el Coronel, el Capellán. Esto no puede seguir así.

Un camarero: Por supuesto, mi Comandante, todos queremos que esto acabe cuanto antes y que venga la paz.

General: ¿Cómo dices?

Coronel: ¿La paz?

General: Otro más lloriqueando con eso de la paz.

Capellán: Ahora hay que hacer de tripas corazón, mi estimado amigo.

General: Eso es: de tripas corazón.

CORONEL: Espera y ya verás cuando te movilice a ti también.

COMANDANTE: Oye tú, pero... ¿qué me has traído?

UN CAMARERO: ¿Qué ha pedido, mi Comandante?

COMANDANTE: Nada, lo de siempre: un poco de pollo al horno con papas.

UN CAMARERO: Lo siento, pero hay restricción de carne.

COMANDANTE: ¿Restricción? ¿Pero qué moda es esta?

UN CAMARERO: Pues sí, estamos en guerra, mi Comandante, y....

COMANDANTE: ¡Déjate de cuentos! Me gustaría saber qué tiene que ver la guerra con que en mi plato no haya pollo al horno con papas. ¡Antes no era así!

UN CAMARERO: Sí, mi Comandante, pero ahora estamos en...

TODOS: ¡En guerra, sí, en guerra!

GENERAL: Y erre que erre con la guerra.

CORONEL: ¿Tú te crees que estamos sordos?

CAPELLÁN: ¡Esto no hay Dios que lo aguante!

COMANDANTE: ¡Es que así no se puede comer! ¡Pierde uno hasta el apetito! No vais a parar hasta convertir La Patria, tan distinguida antes, en una vulgar taberna.

Y condiós, que a ritmo de portazo suenan los himnos de la protesta. Clarines que arrecian tanto dentro como fuera de La Patria.

Un maestro: Se ha agotado el pan.

Un borracho perdido: ¿Y el vino?

Una entre muchas: Llevo aquí desde las dos de la mañana...

Un maestro: Lo siento, pero se ha agotado.

Una entre muchas: ¿Qué justicia es esta?

Uno entre muchos: Tranquila, mujer.

Un patriota: Señora, la culpa es de los gitanos esos...

El hombre que siempre llega tarde: ¿Estás seguro?

Una entre muchas: Ocho horas aquí plantada y ahora dicen que se ha agotado el pan. ¡Queremos pan!

Un borracho perdido: ¡Y vino!

Una entre muchas: ¿Cómo que vino?

Un borracho perdido: Con algo habrá que empujar el pan, digo yo. Tan seco el migajón no pasa del gañote.

Un maestro: Tranquilos. En una semana nos darán las cartillas de racionamiento.

Un borracho perdido: ¿Y cuándo nos darán el vino?

Un patriota: La envidia de nuestros enemigos y el revanchismo de sus aliados nos han metido en esta guerra.

Un maestro: Ahora se trata de hacer de tripas corazón. Así que cantemos, cantemos juntos para, juntos, hacer de tripas corazón.

Pero hace más ruido el desánimo de sus tripas que las voces.

Un maestro: Cantemos, cantemos juntos y con entusiasmo...

Una entre muchas: ¡Esto es el colmo!

Un maestro: No... Pero... No os vayáis... ¡Cantemos!... Esperad. Al menos, dejad una ayuda para la beneficencia de guerra, pronto llegará el invierno y nuestros soldados necesitarán... ¡Esperad!

Un patriota: La envidia de nuestros enemigos y el revanchismo de sus aliados nos han llevado a esta decadencia.

El hombre que siempre llega tarde: La decadencia no andaba muy lejos. Aquí ya había guerra en tiempos de paz.

Un patriota: Pero ellos son los que nos han metido en esto.

El hombre que siempre llega tarde: No, somos nosotros mismos. Y también eso lo tenemos en común con nuestros enemigos: la estupidez de hacer responsable al otro del resultado de la guerra, en vez de culparnos a nosotros mismos por habernos decidido a hacerla.

Uno entre muchos: ¿Habéis leído la prensa? «Reclutan a jóvenes de diecinueve años en el frente enemigo». ¡Diecinueve años, es terrible!

Un patriota: Aquí, en unos meses, serán llamados a filas los de diecisiete.

Uno entre muchos: ¿Cómo? Yo ya tengo dieciocho.

Un patriota: ¡Los años de juventud son los mejores años de un soldado! Chaval, ojalá yo tuviera tu edad y a mí también me llamasen.

El hombre que siempre llega tarde: Llamados a fila, movilizados... El ejército ha puesto a la humanidad en voz pasiva.

Un patriota: ¿Y qué? ¿Quieres hacer la guerra con la gramática también?

El hombre que siempre llega tarde: Solo digo que, antes, los hombres iban a la guerra. Ahora los hacen ir.

Uno entre muchos: ¿Pero todos tendremos que ir a combatir al frente?

Un patriota: Estos muchachos no irían a la guerra si no tuvieran un ideal que defender. No importan las palabras. Ellos creen en algo y es por esos ideales que los pueblos arriesgan el pellejo.

El hombre que siempre llega tarde: Y lo venden tan barato.

Remedios contra el hambre pregona el negocio.

Una vendedora ambulante con su carrito: ¡Lo regalo! ¡Lo regalo! ¡Al rico queso, al rico pan, al rico pepino!

Un borracho perdido: ¿Has dicho vino?

Y acuden las moscas, en revuelo, alrededor de los despojos.

Una entre muchas: ¿A cuánto está el pan?

Una vendedora ambulante con su carrito: ¡Barato! A cuatro los cien gramos.

Una entre muchas: ¡A cuatro!

Una vendedora ambulante con su carrito: ¿Qué? ¿Demasiado caro? Pues la semana que viene te costará seis. Y cuando llegue el invierno, será aún peor. Pero si no te gusta, puedes irte a otra esquina; en cualquier lugar puedes encontrar buena bazofia y bien barata... A ver, tú, ¿qué quieres?

Un borracho perdido: ¡Vino!

Una vendedora ambulante con su carrito: ¿Pepino? Va por peso, a dos el más pequeño.

Uno entre muchos: ¿Y el queso?

Una vendedora ambulante con su carrito: ¡El mejor queso es el mío! ¡Y el más barato! ¿Cuánto quieres?

Uno entre muchos: Antes me gustaría probarlo.

Una vendedora ambulante con su carrito: ¿Que quieres probar qué? ¡Caballero, que estamos en guerra, hombre!

Un borracho perdido: ¿Y el vino?

UNA VENDEDORA AMBULANTE CON SU CARRITO: Oye, esto ya no tiene ninguna gracia. A ti, hoy, no te vendo nada. Así que ya puedes despedirte.

UNA ENTRE MUCHAS: Ponme cien gramos de pan, qué se le va a hacer.

UNA VENDEDORA AMBULANTE CON SU CARRITO: Muy bien. Son ocho.

UNA ENTRE MUCHAS: ¿Cómo que ocho?

UNA VENDEDORA AMBULANTE CON SU CARRITO: El papel también pesa, mujer.

UNA ENTRE MUCHAS: Pero aquí pone cien gramos de pan a cuatro. ¡A cuatro!

UNA VENDEDORA AMBULANTE CON SU CARRITO: Pues sí. Puede que ahí ponga cuatro, pero vale ocho.

Protestan los tristes bolsillos contra esas matemáticas.

UNA VENDEDORA AMBULANTE CON SU CARRITO: ¡Ocho! Es mi última oferta y no hay ni un mísero céntimo de descuento.

Protestas que son querellas y más querellas que se ajustan por la cuenta de la vieja.

UNA VENDEDORA AMBULANTE CON SU CARRITO: Si no os gusta, venid mañana, que costará doce. ¡A ver si os enteráis de una vez que...! ¡Una queja más y...!

Querellas que son lamentos, súplicas, desesperación...
Y, como siempre, la cuerda se rompe por donde se
rompe la cuerda.

UNA VENDEDORA AMBULANTE CON SU CARRITO: ¡Se acabó, ya no os vendo nada! ¡Fuera de aquí! ¡Fuera! ¿Pero qué os creéis? ¡Muertos de hambre, que sois unos muertos de hambre! ¡Yo no le vendo nada a pordioseros! ¡Fuera de aquí, gentuza!

SUPLICIO 3

De esquina en esquina, el sobresalto expande sus
dominios. ¿Quién gobierna el susto?

UNA PERIODISTA: ¡Edición especial! ¡La patria ha sido bombardeada! ¡Edición especial!

CORONEL: ¿Cómo? ¿Qué dices? ¡Dame uno!

UNA PERIODISTA: ¡La patria, bombardeada! ¡Extra!

CORONEL: ¿Pero por qué gritas tanto? Con esa escandalera, no puedo leer.

UNA PERIODISTA: ¡La patria ha sido bombardeada! ¡Edición especial!

CAPELLÁN: ¿La Patria? ¿Cómo que La Patria?

UNA PERIODISTA: ¡Extra! ¡Extra!

CORONEL: ¡Ah, menos mal!

CAPELLÁN: ¿Qué pasa, Coronel?

CORONEL: El café La Patria, no; nuestro café, no. Solo ha sido bombardeada la otra patria, la... la de la gente; vamos, el país.

CAPELLÁN: ¡Gracias a Dios!

CORONEL: Sí, yo también me había asustado.

UNA PERIODISTA: ¡Edición especial! ¡Bombardeada la patria!

UN PATRIOTA: ¿Cómo?

CAPELLÁN: Nada, hijo mío. La prensa, que ya no sabe qué inventar para vender periódicos.

UNA PERIODISTA: ¡Extra! ¡Extra!

CORONEL: ¿Cuántos periódicos llevas ahí?

UNA PERIODISTA: Veinte, señor.

CORONEL: Muy bien. Dame diez... ¡Padre!

CAPELLÁN: Oh, sí, claro. Y a mí los otros diez.

CORONEL: Y, ahora, lárgate de aquí. Y no digas más tonterías, ¿de acuerdo? Padre, llame a las muchachas.

UN PATRIOTA: Coronel, ¿qué información es esa?

CORONEL: ¿Información? Ninguna. ¡Ocurrencias para asustar a la gente! ¡Ocurrencias, nada más! ¡Ocurrencias y patrañas!

UN PATRIOTA: Ya, pero... ¿qué me dice usted de los rumores?

CORONEL: No hay nada seguro, son solo rumores. ¡Ocurrencias!

UN PATRIOTA: Pero cuando el río suena...

CORONEL: ¡Patrañas! ¡Ocurrencias y patrañas! El gobierno prohíbe expresamente creer en los rumores. ¿Entendido?

UN PATRIOTA: Pero nadie es capaz de decirle a uno si...

CORONEL: ¡Padre, las muchachas!

Un patriota: Coronel, los rumores dicen que nuestro país ha sido...

Coronel: ¿Te apetece un chocolatito?

Un patriota: ¿Cómo?

Coronel: El chocolate es bueno para combatir el frío.

Un patriota: Coronel, hace días que no...

Coronel: Pues coge, hombre, coge. Y en cada onza, mira: un retrato de nuestro monarca... ¡Padre, las muchachas!... ¿Qué? ¿Sabrosos?

Un patriota: ¡Deliciosos, Coronel! Sí... ¡Deli...! Hacía tanto tiempo que no... ¡Deliciosos!

Coronel: ¡Pues sírvete!

Un patriota: ¡Gracias, Coronel! ¡Muchas...!

Coronel: ¡Aprovecha y no te quedes corto!

Un patriota: Coronel, lamentablemente solo tengo dos hijos que no son útiles, todavía, para el servicio militar. Sobre todo porque, para desgracia nuestra, uno de ellos, el más pequeño, es una niña.

Coronel: Padre, traiga a las muchachas más adelante.

Un patriota: Por eso me hago a la idea de que mi hijo menor, quiero decir la niña, fue, en realidad, un varón que ya estuvo en el frente y que, por supuesto, murió como un héroe. Porque eso sí, si mi hijo no hubiese muerto como un héroe en el frente, me moriría de vergüenza.

Coronel: ¡Cuánta grandeza ha traído la guerra a nuestros corazones!

Un patriota: Si me permite, Coronel.

Coronel: ¡Claro, hombre, sírvete! ¡Aprovecha, aprovecha!... Padre, las más jovencitas, en primera fila.

Un patriota: Aunque hubo tiempos mejores, porque entonces no faltaba el pan a la mesa, aceptamos con fervor estas carencias, Coronel. De lo contrario, ¿cómo aprenderíamos a hacer de tripas corazón?

Coronel: Así es. ¡Cuánta grandeza!... ¡Vamos, señoritas! ¡Deprisa, por favor, que se acerca una tormenta!

Un patriota: ¿Sabe qué? Voy a convocar inmediatamente una reunión extraordinaria del Partido Patriótico, y propondré que la guerra, en la que nos metieron la envidia de nuestros enemigos y el revanchismo de sus aliados...

Coronel: ¿Más chocolate?

Un patriota: Gracias, Coronel.

Coronel: ¡Más juntas, Padre, más juntas! Que se note que es usted pastor.

Un patriota: Voy a proponer, Coronel, que la guerra prosiga incluso después del acuerdo de paz...

Dos despojos de la guerra, aspirando a caminar, reptan la calle.

Coronel: ¡Vosotros dos! ¿Qué hacéis ahí? ¡Fuera, Fuera! Donde quiera que se mira, no se ve sino holgazanes. ¡Qué vergüenza!

Un patriota: ... Y la propuesta será aprobada por abrumadora mayoría. Estoy convencido, Coronel.

Coronel: ¡Cuánta grandeza ha traído la guerra a nuestros corazones! Y eso ha llegado justo a tiempo para rescatar a la civilización del materialismo y del egoísmo. ¿Más chocolate?

Un patriota: Gracias, Coronel.

Coronel: ¡Ve, ve a hacer esa propuesta! Pero llévate la caja entera. Sí, hombre, llévatela. Llévatela.

Un patriota: Gracias, Coronel. Gracias. Gracias...

Coronel: ¿Ya están todas, Padre?

Capellán: Al menos todas las decentes, sí.

Coronel: ¿Podemos empezar?

Capellán: Estoy impaciente.

Coronel: ¡Muy bien! A petición del Jefe del Estado, y expreso deseo del señor General de nuestro glorioso ejército, la patria, por medio del Capitán de esta plaza, ordena a las muchachas que saluden haciendo una reverencia a los oficiales y funcionarios, así como a las personalidades locales. ¿Entendido?

Palabras que se amontonan, unas sobre otras, como un desguace en la boca.

Coronel: Vamos a hacer una prueba. Nuestro Capellán pasará y, entonces, todas haréis una reverencia. ¿Alguna duda?... ¡Padre, por favor! ¡Reverencia!...

No, no. ¡Más devota, la reverencia! ¡Hay que agacharse más!... Padre, por favor, de nuevo... ¡Ahora, más devota todavía! ¡Más! ¡Agachaos más!... Padre, por favor, otra vez... ¡Lo más devota que podáis! ¡Hay que agacharse de verdad! ¿Pero es que no sabéis lo que es agacharse, carajo! ¡De verdad, hay que agacharse de verdad!

Un borracho perdido: ¿Pero este qué baile es? ¡Este qué baile es! Yo prefiero una marcha fúnebre. ¡Nada se puede comparar con una marcha fúnebre!

Capellán: ¡Cierra el pico, mataperros!

Un borracho perdido: ¿Mataperros yo?

Coronel: ¡Déjelo, Padre!

Un borracho perdido: ¡Bailemos una marcha fúnebre, becerros!

Capellán: Si es que así no se puede, cago en Dios.

Un borracho perdido: ¡Que sois todos unos becerros!

Capellán: No, no se puede.

Un borracho perdido: ¡Estamos aquí! ¿Es que no nos veis?

Capellán: Entre estas que no tienen talento para agacharse y este...

Un borracho perdido: ¡Estamos aquí y tenemos hambre y frío! ¡Y queremos bailar una marcha fúnebre!

Coronel: No se puede, no. No se puede.

Capellán: Ya no hay más que subnormales en este país.

Un borracho perdido: ¡Una marcha fúnebre! ¡Fúnebre!

Coronel: ¡Vámonos, Padre! Y vosotras seguid practicando la reverencia. ¡Más devoción! ¡Más devoción! ¡Hay que agacharse de verdad, maldita sea!

Y se marcan un pas de deux *hasta el café La Patria, donde otro ballet ensaya similares danzas.*

Comandante: ¡Camarero!

General: No, yo no mando a revisión a nadie. La guerra es la guerra y punto.

Comandante: ¡Camarero!

General: Cuando alguno se me pone a temblar, enseguida grito: «¡Útil!». Y no hay peros que valgan.

Comandante: Vagos. Vagos y estafadores.

General: ¿Cinco casos de esquizofrenia? Útiles. ¿Cinco diabetes? Útiles. ¿Tres tuberculosis? Útiles.

Comandante: Si es que ahora, de repente, todo el mundo tiene algo.

General: ¿Las insuficiencias cardíacas? Útiles también.

Comandante: Hay que desenmascarar a tanto impostor... ¡Camarero!

General: ¡Mientras más grave es el caso, menos dudas tengo! ¡Total, si se van a morir, mejor que lo hagan en el frente!

COMANDANTE: ¡Al frente habría que mandar a este camarero!

GENERAL: ¡Ya veréis como allí se os curan las tonterías! ¿Neurosis temblonas, nefritis, embolias pulmonares? ¡Tonterías y pamplinas!

Y una pena empuja la puerta.

UNA VENDEDORA AMBULANTE CON SU CARRITO: Disculpen, señores. ¿Puedo pasar?

COMANDANTE: No necesitamos ni pan ni café ni azúcar. Estamos bien servidos, ¿de acuerdo? Y cierra la puerta, que hace frío.

UNA VENDEDORA AMBULANTE CON SU CARRITO: No vengo a venderles nada, señor.

GENERAL: ¿Entonces, vienes a darnos las gracias? Dicen que la guerra te ha atiborrado el comedero y, ahora que estamos en invierno, el negocio irá aún mejor. No te quejarás, ¿no?

UNA VENDEDORA AMBULANTE CON SU CARRITO: Señor, hace seis semanas ya que no tengo noticias de mi hijo.

COMANDANTE: Eso está muy mal. La juventud de hoy no piensa en nadie.

UNA VENDEDORA AMBULANTE CON SU CARRITO: Está en el frente, señor.

COMANDANTE: Ah, entonces no te preocupes, mujer, estará entretenido. Ya sabes cómo es el frente.

UNA VENDEDORA AMBULANTE CON SU CARRITO: Hace dos años y medio que fue movilizado. Desde entonces, nunca he estado tanto tiempo sin recibir noticias suyas... Tome, estos son sus papeles. Lo último que supe es que estaba en la frontera enemiga.

COMANDANTE: ¿Cuándo dices que fue movilizado?

UNA VENDEDORA AMBULANTE CON SU CARRITO: Hace dos años y medio, señor.

COMANDANTE: Sí. Aquí dice que tu hijo fue movilizado hace dos años y medio y lo último que se sabe es que estaba en la frontera enemiga. Sí, exacto...

UNA VENDEDORA AMBULANTE CON SU CARRITO: ¿Y... sabe algo más?

COMANDANTE: ¿Qué más quieres?

UNA VENDEDORA AMBULANTE CON SU CARRITO: Llevo seis semanas sin saber nada de él, y como últimamente se escuchan tantas cosas...

COMANDANTE: Escúchame, es imposible llevar un registro actualizado de estos casos. Y el mal tiempo lo complica todo aún más.

UNA VENDEDORA AMBULANTE CON SU CARRITO: ¿Y si está herido o lo han hecho prisionero?

COMANDANTE: ¿Pero cómo quieres que sepamos si alguien está herido, ha sido capturado o ha muerto?

Una vendedora ambulante con su carrito: ¡¿Muerto?!

General: Es una manera de hablar, mujer.

Una vendedora ambulante con su carrito: Pero, señor, yo...

General: A ver, ¿dónde dices que estaba?

Una vendedora ambulante con su carrito: En la frontera enemiga, hace seis semanas.

General: Pues, probablemente, ya hayan atravesado la frontera; tiempo han tenido, desde luego, en seis semanas... Y en ese caso, para saber más, tendrás que ir al Ministerio de Guerra enemigo.

Una vendedora ambulante con su carrito: ¿Al Ministerio de Guerra enemigo?

General: Evidentemente.

Comandante: ¿Qué más quieres que hagamos?

Una vendedora ambulante con su carrito: Pero, señor, tiene que haber otra forma.

Comandante: Más no podemos decirte. Además, son casi las tres. Te ruego que comprendas, ya es nuestra hora de comer... ¡Camarero!

Una vendedora ambulante con su carrito: Señor, por favor...

Y en sus lágrimas se ahogan todas las madres del mundo.

COMANDANTE: ¡Por el amor de Dios! ¿Qué te pasa ahora?

UNA VENDEDORA AMBULANTE CON SU CARRITO: Señor, es mi hijo, y hace seis semanas que...

COMANDANTE: Vamos a ver, no hace falta ser una eminencia: si ya llevas seis semanas sin noticias de tu hijo, ponte en lo peor.

UNA VENDEDORA AMBULANTE CON SU CARRITO: Pero señor...

GENERAL: Es una manera de hablar, mujer.

UNA VENDEDORA AMBULANTE CON SU CARRITO: ¿Cómo puede decirme que...?

COMANDANTE: ¡Estamos en guerra! ¿Sabes cuántos casos hay como este? Por favor, entiéndeme. Los ciudadanos también tenéis que echarnos una mano. ¡Míranos a nosotros aquí, sentados, cumpliendo con nuestro deber, a pesar del frío!

Sé que no es fácil, pero ya sabes lo que toca; ahora todos tenemos que hacer de tripas corazón. Y te lo digo en confianza, y créeme porque sé de lo que hablo: para un soldado no hay mayor ambición ni recompensa más grande que morir por su patria. Y, ahora, si nos disculpas...

Y la acompaña a la puerta, que aquí se acabó el consuelo; caballeros así ya no quedan.

Una vendedora ambulante con su carrito: Pero, señor, entiéndame, se lo suplico...

Comandante: Y te entiendo, créeme, de verdad. ¿Cómo no voy a entenderte? Pero no podemos hacer más. Que tengas un buen día.

Tan de luto y sin carro, torpemente, como un escarabajo, se pierde entre el gentío: cojos, mancos, ciegos y otros melancólicos.

Comandante: ¿Qué más querrá que hagamos? ¡No lo sé todo, no puedo saberlo todo, no soy Dios!

General: Es increíble lo que la gente nos exige.

Comandante: ¡Camarero!... ¡¡Camarero!!

Un camarero: Comandante...

Comandante: Sírvenos lo de siempre. ¡Rápido!

Un camarero: Mi Comandante, ya casi es hora de cerrar.

Comandante: ¡Y vino! A ver si así entramos en calor.

Un camarero: Sí, mi Comandante. Es que la cocina...

Comandante: ¡¿Pero qué le pasa hoy a todo el mundo?! ¡Vino, he dicho! ¡Y no lo digo más!

Un camarero: Mi Comandante... No..., no hay nada.

Y le descerraja un tiro que le destroza la cara. Se desploma Un camarero, y el golpe sordo contra el suelo retumba como retumban los pasos de un animal primitivo. Se ha levantado la veda...

Suplicio 4

Así en la tierra como en el cielo, nieva. Y nieva con la furia de un juicio final. Era blanco el infierno y lleva tu nombre.

Un maestro: ¡Agua! ¡Agua!

Coronel: ¿A cuántos grados estamos?

Un patriota: Nueve grados bajo cero, mi Coronel.

Un maestro: ¡Tengo sed!

Un patriota: ¿Qué hacemos con él, señor?

Coronel: Nada, de momento.

Un patriota: Pero, mi Coronel...

Coronel: ¿Ya has pasado a limpio las sentencias de muerte de mañana?

Un patriota: Sí, señor, pero quisiera hacerle ver un pequeño detalle. Esos muchachos apenas tienen dieciocho años.

Coronel: ¿Y qué? ¿Qué me quieres decir con eso?

Un maestro: ¡Agua, agua!

Un patriota: Señor, según el código de justicia militar, no pueden ser ajusticiados. Habrá que modificar la sentencia, ordenar prisión mayor.

Coronel: ¡Dame eso! No modificaremos la sentencia, sino la edad. Pon veintiuno en vez de dieciocho y los podremos ahorcar tranquilamente.

Un patriota: Sí, señor.

Un maestro: ¡Tengo sed!

Coronel: ¿Y ahora? ¿Cuántos grados tenemos?

Un patriota: Doce bajo cero, mi Coronel.

Coronel: Bien. Ahora sí, ya puedes soltarlo.

Y se desmoronan las tablas de multiplicar y no queda en pie ni una letra del abecedario.

Coronel: Haz un agujero en la tierra y, cuando esté tan hondo que no se vean las claras del día, al hoyo con él.

Un patriota: Sí, señor.

Coronel: Te prohíbo terminantemente que le des de comer o de beber a este marrano. Y si quiere cagar, que cague ahí dentro y se coma su propia porquería.

Un patriota: Señor, ya han muerto dos soldados: al que obligó a desnudarse con un frío como este y el que tuvo que hacer guardia estando enfermo.

Coronel: He dicho que caves un hoyo. ¡Es una orden!
   Y como te escuche otra vez, te arranco la cabeza.

Un maestro: ¡Tengo sed!

Un patriota: Lo siento, Coronel. Yo..., yo conozco a este joven, era un maestro que educaba a la juventud en el espíritu del patriotismo...

Coronel: ¿Y qué?

Un patriota: ¡Y se alistó voluntario!

Coronel: ¡Es una orden!

Un maestro: ¡Agua!

Un patriota: ¡Coronel!

Un maestro: ¡Tengo sed!

Coronel: ¡Es una orden!

Y más rebeldes que patriotas, las manos llenan su cuna de nieve y la derriten en el pico roto del pajarillo.

Coronel: ¿Qué haces? ¡Ni comida ni bebida! ¿Estás sordo? ¡Apártate! Este malnacido solo está fingiendo. ¡Ponte en pie, cerdo de mierda! ¡Levántate, vamos! ¡Levántate!

Y los estertores de un teléfono proclaman que todo —hombre, animal o cosa— es un cementerio.

Coronel: Sí... Sí, aquí el Coronel, sí. ¿Qué quieres?... ¿Cómo? ¿Que necesitas refuerzos? No, no voy a enviarte nada y no quiero oír la palabra retirada. Escúchame... ¿Qué?... ¿Que os están acribillando? ¡Me importa una mierda!... ¿Qué?... ¿Cómo dices?

Son soldados, para eso están. ¡Y punto! ¡No tengo más que decir! ¡Mi carrera está en juego!

Nuevos evangelios para los nuevos tiempos.

Coronel: Está bien. Me lo he pensado mejor. Vamos a ver, trae al marrano del maestrito ese.
Un patriota: Ya... no puede, mi Coronel.
Coronel: ¡Dile a ese puerco que venga aquí, ya!
Un patriota: Mi Coronel..., ha muerto. Ahora mismo. Ha muerto.

Y soplan las erinias su más terrible ventisca; aullidos de nieve que son responsos.

Un patriota: Ha muerto por congelación. He intentado reanimarlo, pero... Lo más grave es que no recibió asistencia.
Coronel: ¡Sí, sí, ya sé! Tienes que arreglar este asunto de la manera que sea. No quiero ningún tipo de jaleo, bastante tengo ya. ¿Está claro?
Un patriota: Coronel, los hombres están agotados y enfermos. Solo queda un puñado de latas de conserva que, por cierto, están contaminadas.
Coronel: ¡Y qué diablos quieres! ¡Dime! ¿Qué puedo hacer yo? ¡Dímelo!... ¡Trae a los otros dos!
Un patriota: Pero, mi Coronel...

CORONEL: ¡Que me traigas a esos traidores y te guardes los sermones para los tiempos de paz, carajo!

Y, por cada paso, va abriendo huellas en la nieve del tamaño de una tumba.

CORONEL: ¡Vaya aspecto! ¡Y qué peste, por favor, qué peste! ¿Dónde habéis estado?... ¿No os han enseñado a mirar a los ojos? ¡Perros, sois unos perros! ¡Hijos de perra!... ¡Tú!

Y EL HOMBRE QUE SIEMPRE LLEGA TARDE mira el infinito y, en la blanca inmensidad, ve pasar su propia sombra a lo lejos.

CORONEL: ¿Es cierto que te has negado a aceptar los ciento veinticinco gramos de pan como protesta por las supuestas condiciones de desnutrición? ¡¿Es cierto?!

EL HOMBRE QUE SIEMPRE LLEGA TARDE: ¿Serviría de algo explicarme, Coronel?

CORONEL: ¡Pues cierra el pico! ¿Ciento veinticinco gramos de pan diarios por no hacer nada, te parece poco? ¡Aquí no hay desnutrición! Al igual que tú desprecias ciento veinticinco gramos de pan, sucede que hay más gente que no quiere comer. ¿Por qué? No lo sé. Pero el hambre, si se pasa por voluntad propia, no es perjudicial para el organismo. Nadie, ni del frente ni de la población, repito, nadie ha sufrido desnutrición alguna. Incluso veo a nuestros hombres más fuertes y a nuestras mujeres más lozanas.

Así que en aplicación del artículo primero del reglamento de justicia militar, este consejo de guerra ha decidido ejecutar tu sentencia de muerte por traición a la patria. ¿Algo que objetar?

EL HOMBRE QUE SIEMPRE LLEGA TARDE: No, señor. Lleva usted toda la razón. Algunos comían demasiado antes de la guerra. Y esos, ahora, también siguen comiendo demasiado. De hecho, para ellos la situación alimentaria no ha empeorado en absoluto. Tal vez, tampoco para usted. Pero en cuanto al resto de la población, en cuanto a la futura generación del país... Los niños son una bolsa de huesos en el regazo de sus madres. Y sus madres los miran con una imperdonable tristeza, sabiéndose culpables por haberlos traído al mundo. Dichosos los que han muerto en la guerra, porque los que sobrevivan a este fanatismo de hacer de tripas corazón, esos... ¿Qué paz van a encontrar, qué consuelo, qué descanso...?

Y un tiro le despeja la incógnita y la cabeza. Los arroyitos de la muerte surcan la blanca mortaja y van a dar al mar rojo de la copla manriqueña.

CORONEL: ¡Que vengan los derrotistas! ¡Que vengan! ¡Que vengan todos: los de las trincheras, los de la retaguardia! ¡Todos! ¡¿Dónde están los derrotistas?! ¡No permitiremos que nadie nos quite la guerra! ¿Entendido?... ¿Entendido?

    ¡Tú, un paso al frente!

UNO ENTRE MUCHOS: Mi Coronel.

CORONEL: ¿Has escrito una carta a tu mujer, quejándote del trato recibido?

UNO ENTRE MUCHOS: A mi... sus... órdenes..., mi... Coronel.

CORONEL: ¿No sabes que yo soy el censor? ¡Eres el gusano más repugnante de todo el campamento! ¿Qué decía la carta?

UNO ENTRE MUCHOS: Mi... Coronel...

CORONEL: ¡¿Qué decía?!

Pero quien dice —y más que decir, grita— es el teléfono. Otra vez, UN PATRIOTA desenrolla el hilo, que queda colgando y mece el viento. Y, con él, juegan las viejas hilanderas a saltar la comba del destino.

CORONEL: ¿Qué demonios quieres ahora? Ya te he dicho que... Oh, discúlpeme. A sus pies, Majestad. Lamento profundamente la confusión... Por supuesto, Majestad... Por supuesto, Excelencia... Por supuesto, Excelencia... No sabe cómo se les iluminará la cara cuando sepan que su Excelencia... Por supuesto, Majestad... Por supuesto, Majestad... Por supuesto, Majestad... Por supuesto, Majestad... Por supu...

En los claustros del desprecio, la palabra se queda en la boca y la humillación en el pecho.

CORONEL: El hijo de puta del Jefe del Estado que, en el frente, no se deja ver ni por asomo, viene de camino para visitar al regimiento. Tú, reúne inmediatamente a todos los hombres.

UN PATRIOTA: Señor, apenas quedan hombres.

CORONEL: ¿Cómo que no hay más hombres?

UN PATRIOTA: Los últimos que quedaban sanos eran estos y usted...

CORONEL: El Jefe del Estado viene a inspeccionar su glorioso regimiento y no le voy a enseñar las bajas de dos mil quinientos hombres, ¿entendido? Así que trae lo que encuentres: zapateros, sastres, arrieros, niños, locos, enfermos, borrachos, espantapájaros... Todo lo que sea o parezca un hombre, ¿entendido?

UN PATRIOTA: Sí, mi Coronel.

CORONEL: Y en cuanto a ti, sanguijuela...

UNO ENTRE MUCHOS: Mi... Coronel.

CORONEL: Un indulto, sí. Eso te gustaría, ¿verdad? ¿Qué? ¿Crees que porque viene el hijoputa del Jefe del Estado te voy a indultar? ¡Una mierda! Dale gracias a Dios de que no puede faltar ni un solo hombre, si no...

Y empiezan a llegar como pueden y por trozos. Tan amarillentos, tan verdosos, tan febriles, tan en los huesos y tan despojos que, más que una tropa, parecen una casquería.

CORONEL: ¿Qué es esto?

UN PATRIOTA: Es todo lo que he podido conseguir con este temporal...

CORONEL: ¡Dios Santo! ¡Escuchadme! El Jefe del Estado se dignará visitar nuestro victorioso regimiento. Y quiero que su Majestad se lleve una impresión particularmente satisfactoria. El espíritu y el aspecto de la tropa habrá de ser excelente y el arrojo que brille en los ojos de cada cual, incomparable. ¿Entendido?

*¿Pero en qué momento quién ha sido capaz de
entender algo?*

CORONEL: ¡Así que poneos los nuevos uniformes! Quiero que os veáis un poco más guapos... ¡Los muertos, también! ¡Vestid también a los muertos y levantadlos! Tan congelados como están, se mantendrán de pie... ¡Vosotros dos, ocupad la primera fila! ¡Y tú también! Que, al menos, la primera fila tenga un aspecto decente... ¡A ver, embadurnaos la cara con nieve! ¡Sobre todo los enfermos! ¡Me importa una mierda la tormenta y el frío! ¡Más, más nieve! ¡Eso es! El Rey quiere que sus soldados tengan una tez sana, y la tendréis como una rosa... Se os van a repartir unas estampitas con el retrato de su Excelencia; no os preocupéis, todos tendréis una... ¡Ahora coged los fusiles! ¡Con cuidado, con cuidado que son nuevos! ¡Vamos, rápido, no hay tiempo que perder!... ¿Tú, qué haces? ¿Cómo se te ocurre coger el fusil así, animal?... ¿Todo el mundo tiene su fusil? ¿Todo el mundo tiene su fusil?

*Y de repente el cielo, que es un lacayo, contiene
sus furias y ofrece alfombras, terciopelos y un palio
dorado bajo el cual, orondo de pieles, aparece el* JEFE
DEL ESTADO.

Coronel: A sus pies, Excelencia.

Jefe del Estado: Coronel, ago... ago... ago... ¿agora podrías hacer un sadulo un poco más artístico? Sí, no sé, cuádrate haciendo sonar los catones, por ejemplo...

Y baila el Coronel *unas malas bulerías.*

Jefe del Estado: Ya es suficiente, hombre, que solo estaba bromeando. ¡Champán!

Coronel: Lo lamento, Excelencia, pero no disponemos de champán en este momento.

Jefe del Estado: Eso está muy bien. Vivir en la adumbancia no es digno de nuestro pueblo... ¡Caviar!

Coronel: ¿Cómo?

Jefe del Estado: ¡Era otra broma, no me se vaya a mear en las botas, Coronel!

Coronel: Por favor, Excelencia, por aquí.

Mira, pero no ve, deslumbrado por los reflejos irisados de sus botas de charol sobre la nieve.

Jefe del Estado: ¡Ajá!... ¡Muy bien!... ¡Estupendo!... ¡Manífico!... Y ago... ago... ago... agora, soldados, ¿cómo hace el gallo?

Pero, atónitos, nadie canta en este «corral de muertos».

JEFE DEL ESTADO: A ver, ¿qué pasa?... ¿Cómo hace el gallo?

A uno le pica el muñón, mas no puede rascarse
porque le faltan los dos brazos. Y no hay más
respuesta.

JEFE DEL ESTADO: ¡Qué siesos son estos tíos, Coronel,
no tienen humor! ¡Ejem!... Decididamente, Dios,
nuestro Señor, algo le tiene reversado a nuestro
pueblo. Nosotros, que tovadía tenemos ideales, lu-
chamos día a día por el bienestar, la convivencia y
la molaridad. Queremos vivir en amistad con los
pueblos vecinos, pero antes deberán renococer
la victoria de nuestras armas. Vendrán tiempos
merojes, porque este año ha demostrado con sus
grandes ballatas que nuestro pueblo cuenta con
un fiel y seguro aliado en el Señor de los ejerciales
celéstitos. Ago... ago... ago... agora no sabemos lo
que aún nos espera. Pero todos habéis visto cómo
la mano de Dios nos ha guiado mafiniestamente
en estos últimos cuatro años. ¡Cuatro años casti-
gando la traición y premiando la valentía y la per-
verserancia! Si el enemigo no quiere la paz, y no
quieren negar que no la pueden, tendremos que
ser nosotros quienes traigamos el mundo a la paz

enemigo. ¡Que Dios nos siga victoria hasta la ayudando definitiva!

¿No es cierto, Coronel, que este regimiento seguirá contándose entre los más fieles a su patria y a su Rey, que se entregará en cuerpo y alma e irá añadiendo laurel tras laurel a su combate en las próximas banderas, que si bien victoria, concluirán con los duros?

CORONEL: Eh... Por supuesto, Excelencia. Por supuesto, Excelencia.

JEFE DEL ESTADO: Engo... engo... engorabuena, Coronel. Seguid así.

Y, justo al desaparecer los oropeles, se ciernen truenos y relámpagos sobre la tropa de andrajos y un gélido vendaval la azota con tanto rencor, que se lleva volando a un enano.

CORONEL: ¡Lo que habéis vivido hoy, podréis contarlo, si queréis, a vuestros hijos y nietos! Pero ahora la consigna es otra. Ahora la consigna es ¡quitarse de prisa los nuevos uniformes! ¡Y devolved los fusiles! Ah, y las estampitas del Rey están contadas, así que no quiero que falte ni una, ¿entendido?... ¡Y desapareced de mi vista ya, piara de inútiles!

Y la estela de toses, piojos, hemorragias y heces se pierde entre la nieve.

CORONEL: Tú, gusano, ¿adónde crees que vas?

UNO ENTRE MUCHOS: Mi Coronel, yo...

CORONEL: ¿Reconoces esta firma?

UNO ENTRE MUCHOS: Por Dios, Coronel... Cuatro años...
    Cuatro años... Y todo esto... Entiéndame, Coronel...

CORONEL: ¿Es esta tu firma?... ¡¿Esta es tu firma?!

UNO ENTRE MUCHOS: Sí, Coronel.

CORONEL: Pues, lee... ¡Que leas!

UNO ENTRE MUCHOS: «Querida mía, voy probando toda
    suerte de métodos para hacerme más llevaderos es-
    tos tiempos terribles, pero es inútil. Cuando pienso
    mucho en ti, solo consigo ponerme más triste. Y
    cuando intento distraerme, lo que hago es poner-
    me aún más triste. Lo mejor es vivir al día para que
    el tiempo pase más rápido. ¡Pues cada día que pasa
    nos acerca más, no debemos olvidarlo! Y aunque
    me preocupa cómo estés, trato de no pensar en eso
    y entregarme única y exclusivamente a la esperanza
    de que tus noticias, mañana, sean buenas. Cuando
    pienso que ahora podría estar contigo, ver tu carita
    querida, hablar contigo sobre los días futuros que,
    sin duda, sellarán aún más nuestra felicidad... ¡Y,
    sin embargo, estoy aquí lejos, y tú estás sola!...».

Y un nudo en la garganta ahorca las palabras.

CORONEL: Lee...

¿Pero acaso no es absurdo todo lo que no sea el silencio?

CORONEL: Sigue leyendo... ¡He dicho que sigas leyendo!

Y un culatazo en la boca del estómago —como si esa boca fuese la de leer— lo deja sin respiración. En la otra punta del mundo, y tal vez encinta, a UNA ENTRE MUCHAS, de repente, le falta el aire y no sabe por qué.

CORONEL: ¡Que sigas leyendo, gusano! ¡En pie!

Y UNO ENTRE MUCHOS siente un frío metálico aplastando los latidos de su sien.

CORONEL: ¡O sigues leyendo o te vuelo la cabeza!

Y, aunque aún no sabe por qué, a UNA ENTRE MUCHAS se le sale el corazón por la boca a modo de susurro.

UNA ENTRE MUCHAS: Lee, amor mío...

CORONEL: ¡Que sigas leyendo!

UNA ENTRE MUCHAS: Lee, amor mío. Lee...

Y se asoma a la ventana y baja las escaleras y sale al mundo y a la tormenta, corriendo como las locas.

UNO ENTRE MUCHOS: «... ¡Es tan cruel esta guerra, tan antinatural! No solo nosotros padecemos por su culpa; son muchos, incontables, los infelices que sufren por el delirio de unos cuantos desalmados...».

CORONEL: ¡Sigue leyendo!

UNA ENTRE MUCHAS: Lee...

UNO ENTRE MUCHOS: «... ¡Es demasiado atroz, completamente inhumano! Y quieren presentarnos ante la gente como un ejemplo de valentía, sentido del deber o como se llamen todas esas virtudes tan odiosas para mí. Haced de tripas corazón, nos dicen. Pero cada día que paso aquí, lo paso contra mi propia voluntad, contra mis propias convicciones y con asco, un asco infinito...».

Y un disparo le abre un orificio en la cabeza. El mundo se asoma un instante a ese agujero y todo queda como en suspenso: la nieve, el cuerpo, la bala... Solo UNA ENTRE MUCHAS no se detiene,

sigue corriendo y llorando, llorando y gritando
contra un mundo blanco como la ceguera. Un
suspiro después, todo cae —la bala, el cuerpo, la
nieve— aún con más virulencia. Y, exhausta,
UNA ENTRE MUCHAS *se desploma, se rinde, se*
entrega. Ya sabe todo lo que tenía que saber. Solo
entonces, los copos que tocan, leves, la palma de sus
manos, se vuelven palomas mensajeras que traen en
el pico el anuncio de amorosas prendas. Y lee...

UNA ENTRE MUCHAS: «... Haced de tripas corazón, nos
    dicen. Pero cada día que paso aquí, lo paso contra
    mi propia voluntad, contra mis propias conviccio-
    nes y con asco, un asco infinito.

    ¿Pero para qué seguir hablando, para qué
    hurgar en las heridas que tanto arden? Solo tu
    amor, cuyos rayos llegan desde lejos hasta mí,
    mantiene viva mi alegría de vivir. Quiera Dios que
    hoy reciba una postal escrita por ti.

    Ojalá estés bien cuando recibas estas líneas.
    Ojalá no hayas sufrido demasiado ni te haya su-
    cedido nada. ¿Me sentías a tu lado? ¿Me sentías
    ahí contigo?... Me han salido tantas canas que ya
    no las puedo contar. Pero te quiero, estés lejos o
    cerca, te quiero. Te quiero de manera indecible y
    con locura. Te quiero, amor mío».

Y se acuesta dulcemente en la nieve, que le hace una cuna y le canta las nanas de la sepultura.

SUPLICIO 5

Los neones del café La Patria se han congelado. La lámpara es una estalactita y el musgo ha roído el escay de los sillones. Se acumula la escarcha en el pelo y en las cejas de los comensales de un banquete tanático que es la última cena que hubiese querido pintar Brueghel el Viejo.

GENERAL: Señores... ¡Cuatro años! ¡Llevamos cuatro años manteniendo a raya al enemigo! ¿Creían que nos íbamos a rendir? ¿Por qué? ¿Por nuestra inferioridad numérica? ¿Por el hambre? ¿Por el frío? Nuestros soldados son héroes y esta plana mayor, si volviésemos atrás en el tiempo, esta plana mayor volvería a declarar la guerra, sin lugar a dudas. Parece que fue ayer, pero ya han pasado cuatro años. Sin vacilar, cosechando victorias y, todavía, lo mejor está por llegar. ¡Viva la patria!

TODOS: ¡Viva!

GENERAL: ¡Viva el Rey!

TODOS: ¡Viva!

CAPELLÁN: En verdad, hijos míos, han sido cuatro años emocionantes, pero nada podrá compararse con la emoción más pura de todas: ¡vencer, señores, vencer!

TODOS: ¡Venceremos! ¡Venceremos!

CAPELLÁN: ¿Saben ustedes lo que significa eso? Es el único camino recto que puede atravesar un soldado. ¡Victoria o muerte!

COMANDANTE: ¡Camarero!

Y vuelve a disparar sobre el cuerpo inerte de Un CAMARERO que, a sus pies, lleva tantos actos muertos que ya hiede.

JEFE DEL ESTADO: ¡No se debe gerenalizar! ¿Se debe o no se debe gerenalizar?

TODOS: ¡No!... ¡Nunca!... ¿Generalizar?... ¡Jamás!

UN ESCRITOR: La culpa la tienen los juntaletras esos. Desde luego, no me refiero a nuestra insigne corresponsal, que hoy nos ha concedido el honor. Todos sabemos muy bien lo que el ejército debe a una información de guerra bien uniformada. ¡Un brindis por ella!

TODOS: ¡Salud!

UNA PERIODISTA: Caballeros, solo he cumplido con mi patriótico deber.

UN ESCRITOR: Yo me refiero a esos destrozaplumas anarquistas y derrotistas que siembran la discordia y que, propagando rumores, contribuyen a divulgarlos. ¡Esos son los elementos subversivos! Esa es la gente que contamina y desmoraliza a la retaguardia. Y, ahora, yo les pregunto, señores: ¿de qué nos sirven?

TODOS: ¡De nada!... ¿De qué van a servir?

CAPELLÁN: ¿Pero qué diablos quiere la gente? ¿Vivir eternamente?

JEFE DEL ESTADO: ¡Displicina! ¿Sabéis lo que significa? ¡Displicina significa..., displicina!

TODOS: ¡Eso!... ¡Muy bien!... ¡Así se habla!

UNA PERIODISTA: Si de mí dependiera, la censura debería dar ejemplo y ahorcar a toda esa gentuza.

TODOS: ¡Al patíbulo! ¡Que los ahorquen!

CAPELLÁN: Aquellos que han gimoteado mendigando paz le han faltado al respeto a la patria y a Dios. Y han pecado contra ellos mismos. Y, ahora, esa lepra también amenaza con infectar el frente.

COMANDANTE: ¡Camarero!

Y mata, otra vez, al muerto.

GENERAL: ¿Pero acaso no hemos conseguido hermosos éxitos? ¿Acaso no es nada lo que hemos conseguido? Se tenía que conseguir y, ¿no lo conseguimos,

acaso? ¡Ahora, solo un paso nos separa de la corona de laurel que, invencibles, también conseguire-
mos! Por eso digo ¡viva la patria!

Todos: ¡Viva!

General: ¡Viva el Rey!

Todos: ¡Viva!

*Pero siempre hay alguien que puede aguarnos la
fiesta: es el* Coronel *quien, en una ceremonia
atropellada, va y viene, viene y va, mudo emisario
de las cuitas.*

General: ¡Imbéciles!

Capellán: ¿Qué pasa?

General: Nada, hemos perdido la primera línea de
combate, en las afueras de la ciudad.

Un escritor: En qué momento tan inoportuno.

Jefe del Estado: ¿Y eso qué sinifica?

General: Que nos replegamos a segunda línea, Excelencia.

Jefe del Estado: ¿Cuántas líneas hay?

General: Tres, Majestad.

Jefe del Estado: Entonces, bebamos otra bolleta. ¡Ginebra, más ginebra, que hay cartera en mi dinero
y dos líneas más!

Todos: ¡Eso es! ¡Bebamos! ¡Una botella más!

Comandante: ¡Camarero!

Y mata, de nuevo, al muerto.

GENERAL: Y ahora nuestro genial escritor, y no menos genial pianista, nos interpretará algo. Artista, por favor, la gloria es tuya.

UN ESCRITOR: «Mocita, dame el clavel,
dame el clavel de tu boca.
Pa eso no hay que tener
mucha vergüenza ni poca».

TODOS: ¡Bravo! ¡Hurra! ¡Otra, otra!

GENERAL: «Mocita, dame el clavel de tu boca». Lo has hecho muy bien. Genial, muchacho.

JEFE DEL ESTADO: Ago... ago... agora, Gerenal, dinos: ¿cuáles son tus gustos en el amor? ¿Las preriefes gordas o escuchimizadas?

Hay risotadas que son rebuznos.

JEFE DEL ESTADO: ¡Se velvue loco por las gordas! Te gusta echarte en algo blando, eh, Gerenal...

Y de tanto rebuznar, se termina coceando.
Borricadas que interrumpe el CORONEL *con la*
liturgia de sus aflicciones.

GENERAL: ¡Inútiles!

79

CAPELLÁN: ¿Qué pasa?

GENERAL: La segunda línea está siendo atacada también. Hemos movilizado a la tercera línea para defender la posición, pero tiene mala cara la cosa...

UNA PERIODISTA: ¿Tan grave es?

UN ESCRITOR: ¡Un poco de consideración, por favor! ¿O ni siquiera van a tener en cuenta nuestra velada? ¡Es que ya no se respeta nada!

GENERAL: ¿No estará exagerando un poco, Coronel?

Y una salva de cañones congela el vaho de los alientos.

GENERAL: Con tanto jaleo va a ser imposible dormir esta noche.

Y otro cañón retumba tan cerca que a los comensales se les cae la escarcha de las cejas.

JEFE DEL ESTADO: ¿Quién está meando allí?

CAPELLÁN: Es que los ruidos fuertes me aflojan la vejiga, Excelencia.

Y nuevos hosannas celebran, en esta ocasión, la divina incontinencia.

GENERAL: Volvamos a nuestras serenatas. ¿Con qué nos vas a deleitar ahora, artista?

Un escritor: No sé. ¿Qué les apetece?

Una periodista: «Bésame mucho».

General: «Bésame mucho»... ¡Qué recuerdos!

Jefe del Estado: ¡Pero que las dúo canten un chicas!

Todos: ¿Las chicas?... ¡Eso es!... ¿Qué chicas?... ¡Un dúo!... ¡Genial!

Y a festejar, que nadie podrá quitarnos lo bailado...
A no ser que el cuitado y ceremonioso Coronel
se empeñe en lo contrario.

General: ¿Qué? Son unos meapilas. ¡Son unos meapilas, esos cerdos del frente!

Capellán: ¿Qué pasa?

General: No, no lo entiendo. Si yo expresamente...

Jefe del Estado: Vamos, Gerenal, no es abajo de venirse el momento ago... ago... agora que tenemos el bolsillo en la victoria. ¡Viva la patria!

Todos: ¡Viva!

Jefe del Estado: ¡Viva yo!

Todos: ¡Viva!

Jefe del Estado: Conorel, ¿a qué venie tanta bulla?

Coronel: Lo siento, Majestad, pero la segunda línea se bate en retirada, incapaz de contener al enemigo. Ya, ya han entrado en la ciudad.

Jefe del Estado: No te precupes, Conorel. Por algo nuestro Gerenal supo tres líneas. ¿Verdad, Gerenal?

Y el aire de una nueva detonación se lleva las gorras y los manteles y deja temblando los pámpanos de hielo que cuelgan del techo. Un CAPELLÁN corre olímpicamente al rincón, urgido por sus santas aguas.

JEFE DEL ESTADO: ¡Un viva para nuestro cocina de la engarcado!

TODOS: ¡Viva! ¡Viva!

UN ESCRITOR: ¿Quién es el encargado de cocina?

UNA PERIODISTA: Trece platos. ¡Qué exuberancia!

CAPELLÁN: Excelente la comida, sí señor.

UN ESCRITOR: ¿Pero quién es?

UNA PERIODISTA: Quién era, dirás. Porque el pobre ha tenido el mal bajío de ser confundido con un soldado que había robado unas conservas y lo han ejecutado.

GENERAL: ¡Reírse, reírse! Pero errar es humano, cosas que pueden suceder con los subordinados.

JEFE DEL ESTADO: ¡Ustedes rierse, rierse! Pero la guerra no es solo contri el emenigo, los nuestros también han de notarla!

TODOS: ¡Eso es! ¡Así se habla! ¡La guerra es contra todos!

JEFE DEL ESTADO: ¡Pero, sobre doto, la guerra es contri los que no somos sonotros, es dicer, contri el emenigo!

Todos: ¡Eso es! ¡Así se habla! ¡La guerra es contra el enemigo!

General: De hecho, hace un par de semanas gaseamos en un día más que en cuatro años de guerra. Caían como chinchcs.

Todos: ¡Muy bien! ¡Sí, señor!

Comandante: ¡Camarero!

Y mata, nuevamente, al muerto.

Jefe del Estado: Pero ¿qué sapa, el tío de la súmica está murdiendo o qué?

Capellán: ¡Toca un pasodoble!

Una periodista: ¡No, un bolero, por favor! ¡Toque un bolerito!

Todos: ¡Un pasodoble! ¡No, una rumba! ¡Un chá chá chá!

Y antes de que se disparen, festivos, los acordes, el Coronel, a la carrera, baila la danza de costumbre.

General: ¿Qué?... ¿¡Que la tercera línea huye!? ¡Todos, todos al paredón! ¡Y que hagan entrar en acción a la reserva! ¡Vamos, rápido!

Capellán: ¿Tenemos reservas?

Y como son muchas las cuitas, más son
las confidencias.

GENERAL: ¿Y qué si las granadas de mano no funcio-
nan?

UNA PERIODISTA: ¡Qué mala suerte!

UN ESCRITOR: Tal vez funcionen y no saben cómo
usarlas...

GENERAL: ¿Pero no le insistí yo a esa gentuza? ¡Si faltan cartuchos, a navajazo limpio!

CORONEL: Mi General...

GENERAL: ¡Abalanzarse sobre el enemigo con rabia y,
al grito de «venceremos», arañar, escupir, morder
como caníbales, si es preciso!

CORONEL: General...

GENERAL: ¿Y qué han hecho? ¿Qué?... ¿Qué han hecho?... ¡Esas ratas del frente, esos perros, esos...!

CORONEL: ¡¡General!!

Y tras el grito, silencio. Un silencio extraño y frío
como las letras de un epitafio.

CORONEL: Ya no tenemos ejército, y el enemigo viene
hacia aquí...

Y un terremoto de fuego asola La Patria. Ya no hay
un adentro que nos proteja del afuera. Todo es lo

mismo: el mismo polvo, la misma nada, idéntico
peligro.

GENERAL: ¡Han irrumpido! ¡Las ametralladoras! ¿Dónde están las ametralladoras?
UNA PERIODISTA: ¡Canallas!
CAPELLÁN: ¡Condúcenos, Señor, al paraíso!

Han caído las paredes. No queda un cristal intacto.
Todos huyen, los que estaban y los que llegan,
ninguno sabe adónde va, pero huyen. Huyen
del fuego, de la nieve y del ruido. De los cuerpos
despedazados que pisan en el suelo. Huyen de los
otros y de ellos mismos.

GENERAL: ¡Han irrumpido! ¡Han irrumpido!
UNA VENDEDORA AMBULANTE CON SU CARRITO: ¿Eres tú mi hijo?... ¿Hijo mío, eres tú?
UN ESCRITOR: ¿Pero nuestra artillería no era superior?
GENERAL: Toca, artista, toca «La última noche»...

Y Orfeo toca su música para abrir las puertas
del infierno.

UNA PERIODISTA: Nuestro glorioso ejército...
UN BORRACHO PERDIDO: La botella, vacía...

Una vendedora ambulante con su carrito: ¡Hijo mío! ¿Dónde estás?

Un borracho perdido: El alma, vacía...

Una periodista: ¡Desertores, sois todos unos desertores!

Un borracho perdido: ... Y vacío, el mundo.

Coronel: ¡He visto miles de cruces en el campo nevado!

Comandante: ¡Camarero!

Y mata, otra vez, al muerto.

Un borracho perdido: ¡Todo está vacío!

Capellán: ¡Aleluya, no debemos perder la fe! ¡Aleluya!

Un patriota: ¿Quién habrá ideado esta muerte? ¿Quién?

General: ¡No dejes de tocar, no dejes de tocar!

Una periodista: ¡Cuando llegue la paz, querrán más guerras!

General: ¡Han irrumpido!

Una periodista: ¡El gas! ¡Para eso tenemos el gas!

Un borracho perdido: ¡La botella vacía, y el alma, y el mundo!

Coronel: ¡Malditos seáis los que nos habéis hecho esto!

Comandante: ¡Camarero!

Y mata, de nuevo, al muerto.

CAPELLÁN: ¡Al Paraíso! ¡Condúcenos, Señor, al Paraíso!
UNA VENDEDORA AMBULANTE CON SU CARRITO: ¿Eres
    tú mi hijo?... ¡Hijo mío!
UN BORRACHO PERDIDO: ¡Todo, todo está vacío!
GENERAL: ¡Han irrumpido!
UNA PERIODISTA: ¡Cerdos!
UN PATRIOTA: ¿Quién habrá ideado esta muerte? ¿Quién?
COMANDANTE: ¡Camarero!

Y mata compulsivamente al muerto compulsivo.

GENERAL: ¿Y para esto hemos combatido durante cua-
    tro años, para que ahora nos lleven al matadero
    como a un buey?

*Y, entre el delirio y la ceniza, fascinado siempre por
los pedestales, el JEFE DEL ESTADO se encabalga a
una destartalada mesa a proclamar el triunfo de
la muerte.*

JEFE DEL ESTADO: ¡En pie, seroñes! No debemos ni po-
    demos delasentarnos ago... agora, justo vitoria de
    la antes nifal. La bota bein alta y la cabeza en el es-
    tribo, seroñes. ¡Ni un sapo a atrás! ¡Nada de deto-
    rrismos ago... agora! ¡Dios está con sonotros! ¡Lo

conguesiremos, así el denomio esté plagado de mundos! ¡Segui tocando! ¡Que no súmica la cese! ¡Segui tocando! La guerra tiene algo hermoso...